AF226946

QUELQUES MOTS

SUR

L'OCCUPATION DE CADIX

PAR

LES TROUPES FRANÇAISES.

PARIS. — IMPRIMERIE DE COSSON,
RUE SAINT-GERMAIN-DES-PRÉS, N° 9.

QUELQUES MOTS

SUR

L'OCCUPATION DE CADIX

PAR

LES TROUPES FRANÇAISES.

———

PARIS,

CHEZ POTEY, LIBRAIRE,
RUE DU BAC, N° 46.

1828.

QUELQUES MOTS

SUR

L'OCCUPATION DE CADIX

PAR

LES TROUPES FRANÇAISES.

Les dernières troupes françaises qui étaient en Espagne viennent de sortir de ce royaume; toute la Catalogne, Pampelune, la Seu d'Urgel, sont évacuées; il ne reste plus un soldat français dans le nord de la péninsule. Cadix seule est encore en notre pouvoir.

Nous ne pouvons qu'applaudir à une mesure aussi

sage que celle d'évacuer l'Espagne, et nous félicitons le gouvernement d'avoir délivré la France d'une occupation à la fois onéreuse et inutile; car, puisqu'il fallait en venir à abandonner ce pays à lui-même, il valait mieux le faire dans un moment où la présence du roi a peut-être contribué à apaiser les esprits et à maintenir une paix si désirable pour ces malheureux Espagnols.

Quant à l'évacuation de Cadix, elle n'est pas aussi utile; et l'on doit voir avec peine les ministres ne pas résister aux insinuations de ceux qui voulaient rendre cette ville à l'Espagne, et nous ôter par conséquent tout espoir de paiement pour les frais énormes que nous a coûtés cette dernière campagne. Et quel inconvénient peut-il y avoir pour le moment présent à laisser des troupes dans cette province d'Andalousie? Les régimens n'y sont pas en assez grand nombre pour faire faute à notre armée en France; la manière dont y sont traités les officiers et les soldats est un juste dédommagement de la peine qu'ils peuvent éprouver d'être éloignés de leur patrie; et l'on doit rendre grâces à l'auguste chef de l'armée, qui a bien voulu, depuis 1823, ne pas oublier ceux qui avaient été ses compagnons de gloire, et qui a cherché à adoucir le sort des troupes condamnées à demeurer si long-temps loin de la France.

Les esprits des habitans de Cadix et de ses envi-

rons ne sont pas encore calmés; les partis, qui tour
à tour ont fait la révolution et ont aidé à la renverser,
existent encore, et sont toujours en présence. L'Espagne n'est pas à même de nous payer la dette
considérable qu'elle nous doit; les Anglais qui rô-
dent encore autour du Portugal, sont à craindre,
surtout dans un moment où ils ont encouragé le li-
béralisme et protégé la révolte contre un prince lé-
gitime. La proximité de Gibraltar qui les rend encore plus redoutables, exige plus que jamais qu'il y
ait à Cadix une force imposante, qui puisse les empêcher de se porter à quelques actes de cette poli-
tique perfide à laquelle ils semblent si accoutumés.
On me répondra sans doute qu'il est trop généreux
de notre part de chercher à maintenir la paix dans
un pays qui ne peut profiter des leçons terribles
qu'il a sous les yeux, et qui paraît au contraire vou-
loir marcher à grands pas vers l'abîme des révolu-
tions. On sera d'avis d'abandonner un peuple qui ne
nous a point su gré des efforts que nous avons faits
pour lui rendre son roi, et peut-être même voudra-
t-on délaisser un roi, qui semble oublier qu'il gou-
verne un pays volcanisé et qui a besoin d'une administration sage et forte en même temps. Je sais
qu'il est cruel pour la France de continuer à faire
inutilement des sacrifices immenses pour rétablir
une monarchie qui semble refuser de réparer ses
ruines. Je conçois que les gens qui ne voient le
bonheur des peuples que dans un peu plus ou un peu

moins d'économie de la part d'un gouvernement, élèvent la voix avec force contre cette occupation de Cadix, qui coûte à la France des sommes considérables, et préfèrent abandonner un espoir très-douteux de remboursement, plutôt que de continuer cette dépense ; mais je crois aussi que non-seulement nous devons garder Cadix, parce que c'est le seul moyen de nous faire payer de toutes nos avances, mais encore que, quand bien même nous ne recevrions aucun remboursement ni aucune indemnité, nous ne pourrions l'abandonner, à cause du voisinage des Anglais, qui ne cherchent partout qu'une occasion d'augmenter leur puissance et de s'emparer de tout ce qu'ils trouvent à leur discrétion.

Ainsi donc, garder Cadix est le seul moyen de couvrir nos dépenses, et pour le prouver, je vais indiquer une mesure qui aurait le double avantage de nous faire rembourser, et d'être en même temps utile à l'Espagne.

La pénurie du trésor espagnol oblige le gouvernement de ce royaume à ne solder qu'en partie les employés de son administration ou de son armée, et il n'est pas rare en Espagne de rencontrer des administrateurs ou des militaires auxquels il est dû des six mois, quelquefois des années de leur traitement ; encore bien heureux quand, pour mille raisons, on ne leur fait pas les retenues les plus étranges.

Dans les parties de l'administration qui regardent la perception des impôts, on ne donne aucune solde aux employés; on leur permet tacitement de se payer de leurs propres mains sur ce qu'ils perçoivent, et je donne à penser combien cette mesure doit être favorable à l'ordre et à l'économie. Les douaniers entre autres ont, dans plusieurs villes, cet admirable privilége; et comme ils sont souvent en arrière d'une année d'appointement, ils se paient aussi de leurs propres mains, et favorisent la contrebande autant qu'il est en leur pouvoir. Outre ces derniers, il y a encore dans le pays une foule d'individus dont le seul moyen d'existence est la contrebande; et il n'est pas étonnant de rencontrer dans les campagnes voisines de la mer des troupes de quarante à cinquante contrebandiers bien armés, bien montés, qui font la chose en grand, et qui sont en rapport avec beaucoup d'habitans des principales villes, et surtout avec les douaniers. L'on conçoit qu'avec ce système de contrebande la douane d'Espagne doit faire des gains fort médiocres, et combien le commerce du pays doit y perdre *.

Le gouvernement français, voulant se faire payer de ce qui lui est dû, ne pourrait-il pas faire venir à Cadix des employés supérieurs et subalternes de

---

* On peut affirmer que sur 100,000 de marchandises qui entrent dans Cadix, 60,000 y entrent par contrebande.

la douane française, et s'emparer de la perception de la douane de cette ville ? On retirerait de cette mesure le double avantage de nous payer de nos avances, et d'être utile au commerce de Cadix et de ses environs, en nuisant à celui de Gibraltar *.

Je sais que cette mesure serait désapprouvée par l'Angleterre, peut-être même par le gouvernement espagnol lui-même ; mais qu'importe, sommes-nous obligés d'être sans cesse aux ordres de la Grande-Bretagne ? devons-nous craindre de faire ce qui peut nous être avantageux, quand nous ne manquons ni aux lois de l'honneur, ni aux droits des gens ? Quant aux plaintes de l'Espagne, nous ne devons point nous en inquiéter ; elle n'a point la force de nous empêcher d'exécuter ce projet, et il faudrait écouter ses observations comme nous venons d'écouter les réclamations qu'elle nous fait de sommes considérables qu'elle prétend nous avoir prêtées, et dont nous n'avons pas touché un sou. L'Espagne nous doit ; nous occupons Cadix, et nous pouvons être payé

---

* Me trouvant à Gibraltar en 1827, j'aperçus sur une petite place une quantité énorme de ballots, sur lesquels était écrit . *Espagne.* Je parlai à un officier anglais, et lui témoignai mon étonnement que Gibraltar fît un si grand commerce avec l'Es-pagne. Qu'appelez-vous commerce ? me répondit-il ; tout ce que vous voyez est du tabac qui entrera en Espagne par contrebande. En effet, il en entre une quantité énorme dans ce pays, toujours par le moyen des Anglais.

sans nuire à son commerce, et, au contraire, nous gênons celui des Anglais : aucun scrupule ne doit nous arrêter. Nous garderions Cadix jusqu'à ce que la dette soit éteinte : peu de temps suffirait pour effectuer ce paiement.

Mais j'ai dit que quand bien même nous ne serions pas payés, et que l'on ne voudrait pas employer de moyens violens pour recouvrer notre dette, nous devrions encore occuper Cadix et ne point l'évacuer. Et en effet les Anglais, auxquels tous les moyens sont bons dès qu'il s'agit de leur intérêt, ont déjà réclamé, l'année dernière, quelques sommes qu'ils prétendent leur être dues par l'Espagne. Ce gouvernement, pauvre et sans ressources, n'a pu que faire des réponses évasives. L'Angleterre, voyant que le moment n'était pas opportun, s'en est tenu là pour l'instant; mais elle compte bien renouveler sa sommation quand l'occasion sera plus belle, et pour cela elle attend avec impatience l'évacuation de Cadix.

Cette ville était autrefois la plus riche de l'Espagne; tout s'y faisait au poids de l'or. Nouvelle Tyr, elle était la reine du commerce des mers. Depuis la perte de l'Amérique et des colonies espagnoles, Cadix a perdu tout son lustre; sa population, autrefois de soixante mille habitans, est réduite à peine à quarante mille; partout on y rencontre les restes de grandes fortunes, et souvent l'empreinte de la misère la plus profonde. Ses habitans, abandonnés il y a quelques années à un luxe extraordinaire, ne peuvent se faire à cet état de médiocrité; n'ayant ni industrie ni agriculture, ils regrettent sans cesse leurs richesses immenses, leurs habitudes de dépense; sans cesse ils parlent des Amériques, ils ne peuvent se consoler de cette perte, ni se faire à une médiocrité d'existence pour laquelle ils n'ont pas été élevés. La plupart d'entre eux sont étrangers au pays; il y a grand nombre d'Allemands, de Français, d'Italiens : ils tiennent moins à l'Espagne que les autres Espagnols, et l'idée de voir rentrer le commerce dans leurs murs, de pouvoir recouvrer une partie de leur ancienne fortune, et de se livrer à leur goût pour le luxe, cette idée seule serait capable d'en entraîner quelques-uns à livrer leur ville à l'étranger. Le grand nombre le verrait avec joie, dans l'espoir d'améliorer leur position. Les véritables Espagnols sont tellement fatigués de leur gouvernement, qu'ils seraient peut-être indifférens à ce changement de maîtres. D'ailleurs n'y a-t-il pas à Cadix des libéraux qui soient disposés à se vendre au gouvernement qui s'est déclaré le protecteur de tous les mécontens de l'Europe ? On m'objectera que Cadix sera bien gardée par les troupes espagnoles, et que les Anglais n'ont pas assez de troupes disponibles dans ce pays pour entreprendre un siége; et d'ailleurs ce serait une déclaration de guerre positive. Mais la trahison n'est-elle pas de leur ressort ?

Craindraient-ils de se compromettre en cherchant à s'en emparer à force d'argent? Non sans doute, ils sont familiers avec ces moyens de réussite, et Cadix excite trop leur envie pour ne pas croire qu'ils feraient tout au monde pour l'occuper. Gibraltar, il est vrai, leur donne l'entrée de l'Espagne; mais le port de Gibraltar n'est pas sûr, la ville n'est pas avantageusement située pour faire le commerce avec l'intérieur de l'Espagne. Le port de Cadix, au contraire, est un des meilleurs et un des plus beaux de la Méditerranée. La proximité de Séville, et la communication facile par le Guadalquivir, lui donnent un avantage immense sur Gibraltar. Cette ville n'a auprès d'elle qu'Algésiras sur le bord de la mer; Cadix, au contraire, est entourée des ville de San Lucar, Rota, Xerès, Santa Maria, San Fernando, qui toutes serviraient de débouché à son commerce et à sa contrebande. La force de ses murailles, sa position au milieu de la mer, la salubrité de son climat, plus agréable et plus frais que celui de Gibraltar, voilà bien des appâts auxquels la cupidité anglaise ne pourrait résister. Et l'Espagne serait - elle en état de reprendre Cadix? Jamais.

Voilà le motif le plus puissant qui doit nous engager à garder Cadix tant que l'Espagne n'aura pas une armée plus formidable, un commerce plus florissant, et un gouvernement réparateur qui guérisse toutes ses plaies, qui sache employer avec fruit tous les élémens de biens que ce pays porte dans son sein, et la replace encore au rang de grandeur et de puissance d'où elle n'eût jamais dû descendre si elle eût été bien gouvernée, et si la France eût entendu aussi ses véritables intérêts, et n'eût pas oublié qu'elle est l'alliée naturelle de l'Espagne contre l'Angleterre.

Ainsi donc nous devons garder Cadix, parce que c'est le seul moyen de nous faire payer des sommes qui nous sont dues, en y établissant une douane française, et même, après ce paiement, nous devons y laisser nos troupes jusqu'à ce que le gouvernement espagnol soit assez fort pour garder lui-même cette ville et résister aux perfides entreprises de l'Angleterre.

B. S.